VAYIKRA / LEVÍTICO

Libro de Actividades

Vayikra / Levítico - Libro de Actividades con Porciones de la Torá

Todos los derechos reservados. Al comprar este Libro de actividades, el comprador puede copiar las hojas de actividades solo para uso personal y en el aula, pero no para reventa comercial. Con la excepción de lo anterior, este Libro de actividades no puede reproducirse total o parcialmente de ninguna manera sin el permiso por escrito del editor.

Bible Pathway Adventures® es una marca registrada de BPA Publishing Ltd.
Defenders of the Faith® es una marca registrada de BPA Publishing Ltd.

ISBN: 978-1-98-858585-7

Autora: Pip Reid
Director Creativo: Curtis Reid
Editor: Samia Egan

Para obtener recursos bíblicos gratuitos y Paquetes para Maestros, incluyendo páginas para colorear, hojas de trabajo, exámenes y más, visite nuestro sitio web en:

shop.biblepathwayadventures.com

◆◇ INTRODUCCIÓN ◇◆

Sus estudiantes AMARÁN aprender acerca de la Torá con nuestro Libro de Actividades con Porciones de la Torá Vayikra / Levítico. Hemos empaquetado cada porción de la Torá con cuestionarios Bíblicos, hojas de trabajo, búsqueda de palabras, y preguntas para ayudar a los educadores, así como tú, a enseñar a los niños la fe Bíblica de una manera divertida y atractiva. Es el recurso perfecto para su Shabat o clase de Escuela Dominical y para los educadores en el hogar. Incluye referencias a las escrituras para facilitar la búsqueda, ademas de una clave de respuestas práctica para los educadores.

Bible Pathway Adventures asiste a maestros y padres de familia a enseñar a los niños acerca de la Fe Bíblica de una manera creativa y divertida. Esto es posible mediante nuestros libros de cuentos ilustrados, paquetes para maestros, libros de actividades, y actividades imprimibles. Todo está disponible para ser descargado en nuestro sitio web www.biblepathwayadventures.com

Gracias por comprar este Libro de Actividades y apoyar nuestro ministerio. Cada libro comprado nos ayuda a continuar con nuestro trabajo proporcionando recursos y enseñanzas gratis de discipulado a familias y misiones en todas partes.

¡La búsqueda de la Verdad es más divertida que la Tradición!

◦◇ TABLA DE CONTENIDOS ◇◦

Introducción 3
El alfabeto Hebreo 7

Vayikra
Vayikra, Cuestionario de Lectura de la Torá 10
Vayikra, Cuestionario de Lectura de los Profetas 11
Vayikra, Cuestionario de Lectura de los Apóstoles 12
Vayikra, Sopa de Letras 13
Vayikra, Hoja de Trabajo 14
Vayikra, Página para Colorear 15
Aprendamos Hebreo: Vayikra 16
Vayikra: Reflexionemos 17

Tzav
Tzav, Cuestionario de Lectura de la Torá 18
Tzav, Cuestionario de Lectura de los Profetas 19
Tzav, Cuestionario de Lectura de los Apóstoles 20
Tzav, Sopa de Letras 21
Tzav, Hoja de Trabajo 22
Tzav, Página para Colorear 23
Aprendamos Hebreo: Tzav 24
Tzav: Reflexionemos 25

Shemini
Shemini, Cuestionario de Lectura de la Torá 26
Shemini, Cuestionario de Lectura de los Profetas 27
Shemini, Cuestionario de Lectura de los Apóstoles 28
Shemini, Sopa de Letras 29
Shemini, Hoja de Trabajo 30
Shemini, Página para Colorear 31
Aprendamos Hebreo: Shemini 32
Shemini: Reflexionemos 33

Tazria
Tazria, Cuestionario de Lectura de la Torá 34
Tazria, Cuestionario de Lectura de los Profetas 35
Tazria, Cuestionario de Lectura de los Apóstoles 36
Tazria, Sopa de Letras 37
Tazria, Hoja de Trabajo 38
Tazria, Página para Colorear 39
Aprendamos Hebreo: Tazria 40
Tazria: Reflexionemos 41

Metzora
Metzora, Cuestionario de Lectura de la Torá 42
Metzora, Cuestionario de Lectura de los Profetas 43
Metzora, Cuestionario de Lectura de los Apóstoles 44
Metzora, Sopa de Letras 45
Metzora, Hoja de Trabajo 46
Metzora, Página para Colorear 47
Aprendamos Hebreo: Metzora 48
Metzora: Reflexionemos 49

Ajarei Mot
Ajarei Mot, Cuestionario de Lectura de la Torá 50
Ajarei Mot, Cuestionario de Lectura de los Profetas 51
Ajarei Mot, Cuestionario de Lectura de los Apóstoles 52
Ajarei Mot, Sopa de Letras 53
Ajarei Mot, Hoja de Trabajo 54
Ajarei Mot, Página para Colorear 55
Aprendamos Hebreo: Ajarei Mot 56
Ajarei Mot: Reflexionemos 57

Kedoshim
Kedoshim, Cuestionario de Lectura de la Torá 58
Kedoshim, Cuestionario de Lectura de los Profetas 59
Kedoshim, Cuestionario de Lectura de los Apóstoles 60
Kedoshim, Sopa de Letras 61
Kedoshim, Hoja de Trabajo 62
Kedoshim, Página para Colorear 63
Aprendamos Hebreo: Kedoshim 64
Kedoshim: Reflexionemos 65

Emor
Emor, Cuestionario de Lectura de la Torá 66
Emor, Cuestionario de Lectura de los Profetas 67
Emor, Cuestionario de Lectura de los Apóstoles 68
Emor, Sopa de Letras 69
Emor, Hoja de Trabajo 70
Emor, Página para Colorear 71
Aprendamos Hebreo: Emor 72
Emor: Reflexionemos 73

Behar
Behar, Cuestionario de Lectura de la Torá 74
Behar, Cuestionario de Lectura de los Profetas 75
Behar, Cuestionario de Lectura de los Apóstoles 76
Behar, Sopa de Letras 77
Behar, Hoja de Trabajo 78
Behar, Página para Colorear 79
Aprendamos Hebreo: Behar 80
Behar: Reflexionemos 81

Bejukotai
Bejukotai, Cuestionario de Lectura de la Torá 82
Bejukotai, Cuestionario de Lectura de los Profetas 83
Bejukotai, Cuestionario de Lectura de los Apóstoles 84
Bejukotai, Sopa de Letras 85
Bejukotai, Hoja de Trabajo 86
Bejukotai, Página para Colorear 87
Aprendamos Hebreo: Bejukotai 88
Bejukotai: Reflexionemos 89

Guía de Respuestas 90
¡Descubre más Libros de Actividades! 95

APRENDAMOS HEBREO

El alfabeto Hebreo tiene 22 letras.
Utiliza esta tabla para guiarte mientras aprendes la palabra Hebrea para cada Porción de la Torá.

Alef	Bet	Guímel	Dálet	Hei
א	ב	ג	ד	ה
Vav	**Zayn**	**Jet**	**Tet**	**Yod**
ו	ז	ח	ט	י
Kaf	**Lamed**	**Mem**	**Nun**	**Sámej**
כ	ל	מ	נ	ס
Ayin	**Pei**	**Tzadi**	**Kof**	**Resh**
ע	פ	צ	ק	ר
Shin	**Tav**			
ש	ת			

ESCRIBAMOS!

Practica escribiendo estas letras Hebras en las líneas de abajo. Recuerda que el Hebreo se escribe de DERECHA a IZQUIERDA.

אבגדהוזחטיכלמנסעפצקרשת

ESCRIBAMOS!

Practica escribiendo estas letras Hebras en las líneas de abajo.
Recuerda que el Hebreo se escribe de DERECHA a IZQUIERDA.

VAYIKRA, LECTURA DE LA TORÁ

Lee Levítico 1:1-5:26.
Responde las siguientes preguntas.

1. ¿A dónde los Israelitas llevaban sus ofrendas quemadas? ....

2. ¿Qué trabajo les dio Yah a los hijos de Aarón? ....

3. ¿De qué lado del altar se mataba a las ovejas y cabras? ....

4. ¿Qué tipo de aves se usaban como ofrendas quemadas? ....

5. ¿Qué tipo de ofrenda del grano hacían los Israelitas? ....

6. ¿Qué ingrediente no se añadía a una ofrenda del grano? ....

7. ¿Qué animal mataba un sacerdote como ofrenda por un pecado? ....

8. ¿Qué animal mataba un líder como ofrenda por un pecado? ....

9. ¿Qué animal mataba como ofrenda por un pecado un Israelita? ....

10. ¿En qué estructura se hacían las ofrendas quemadas? ....

VAYIKRA, LECTURA DE LOS PROFETAS

Lee Isaías 43:21-44:23.
Responde las siguientes preguntas.

1. ¿Para quién Yah formó al pueblo? ....

2. ¿Cómo los Israelitas agobian a Yah? ....

3. ¿Cómo castigará Yah a Israel en Isaías 43:28? ....

4. "Derramaré agua sobre la tierra _____ y torrentes sobre la tierra seca". ....

5. "Yo soy el _____ y el último; fuera de Mí no hay dios". (Isa 44:6) ....

6. ¿Qué hace un herrero sobre los carbones? ....

7. ¿Qué nutre al árbol de cedro? ....

8. ¿Qué ha llevado al hombre por mal camino en Isaías 44:20? ....

9. "Yo he disipado tus _____ como una nube y tus pecados como niebla..." ....

10. ¿A quién ha redimido Yah en Isaías 44:23? ....

VAYIKRA, LECTURA DE LOS APÓSTOLES

Lee Hebreos 9:11-27, 10:1-22 y Romanos 8:1-13.
Responde las siguientes preguntas.

1. ¿La sangre de qué es imposible que quite los pecados? ....
2. ¿Qué ofreció Yeshua como solo sacrificio por los pecados? ....
3. ¿Dónde se sentó Yeshua después de elevarse al Cielo? ....
4. "Pondré mis leyes en sus _____ y en sus mentes las escribiré". ....
5. ¿Qué nos da confianza para entrar en el Lugar Sagrado? ....
6. ¿Quién es el mediador del pacto renovado? (Hebreos 9:15) ....
7. ¿Qué hizo Moisés después de que declaró los mandamientos a Israel? ....
8. Sin el derramamiento de sangre no hay _____ de los pecados. ....
9. ¿Qué pasa después que morimos? (Hebreos 9:27) ....
10. ¿Qué habita dentro de los seguidores de Yeshua? (Rom 8:9) ....

VAYIKRA

Lee Levítico 1:1-5:26.
Encuentra y haz un círculo en cada una
de las palabras de la siguiente lista.

```
X T O R O Z I N C I E N S O Y M U L T S
M N I R Z Z W R U D D O H J R Q P P R W
A P S G B U H C C F B F F E Y R Y U Z L
N A J X Q Z U H A Y T S X R Q A S N J A
D L Y A H W E H C F P M F T E B R X B E
A O T T U U Y G Y T Z B X N P N E E S I
M M V A C Q T R I Q L S A H A I D L J H
I A O K B V S A D Z F J V G L G J A U E
E Z W J C E W N I X U Y D N O V V D S S
N N C Z G B R O O V A J K U J U K X U A
T Y C N F K V N T J M E T S C W P E C C
O U T T Q R F B Á N D B L A I B R M L E
S R J N Y X M P I C V X B N I A B M V R
A A A W M L J S S X U M K G E A A S P D
N L Y Z Q U V V D Z R L F R T R Q Q S O
Q T A Y S X S Q A B S X O E G Ó M U P T
G A T D Q F T Ó R T O L A S A N W Z A E
W R W R C J T B F U H N K B L B A G Z W
E S B F R K X O P S T T J V A R Ó N S V
B A P E C A D O D G J T M S F M R S I I
```

SANGRE	ALTAR	PECADO	OFRENDAS
GRANO	INCIENSO	YAHWEH	SACERDOTE
VARÓN	PALOMA	TABERNÁCULO	PAZ
TÓRTOLAS	MANDAMIENTOS	TORO	AARÓN

Vayikra / Levítico - Libro de Actividades con Porciones de la Torá

Vayikra

Haz un dibujo de un Israelita preparando una ofrenda del grano.

Crea una receta de pan sin levadura. ¡Usa tu imaginación!

Esta porción de la Torá me enseña...

¿Alguna vez has roto las reglas de tu hogar? ¿Qué hicieron sus padres cuando se enteraron?

OFRENDAS POR EL PECADO

Abre tu Biblia y lee Levítico 4.
Responde las preguntas. Colorea la imagen.

1. ¿Qué ofrenda hace un sacerdote cuando peca? (versículo 4)

....
....
....
....

2. ¿Qué ofrenda hace un líder cuando peca? (versículo 23)

....
....
....
....

3. ¿Qué ofrenda hace un Israelita cuando peca? (versículo 27)

....
....
....
....

✦ VAYIKRA ✦

"Llamó Yah a Moisés, y habló con él desde el tabernáculo de reunión, diciendo: Habla a los hijos de Israel y diles: Cuando alguno de entre ustedes ofrece ofrenda a Yah, de ganado vacuno u ovejuno harán su ofrenda."

Levítico 1:1-2

Vayikra

"Y Él llamó"

וַיִּקְרָא

Traza la palabra Hebrea aquí:	Escribe la palabra Hebrea aquí:
וַיִּקְרָא	
וַיִּקְרָא	

REFLEXIONEMOS: VAYIKRA

Abre tu Biblia y lee los versículos mencionados a continuación.
Reflexiona estas preguntas con tu familia, amigos y compañeros de clase.

1. Lee 1 Juan 3:4. ¿Cómo define la Biblia el pecado?

2. Lee Levítico 1-5. ¿Quiénes deben llevar una ofrenda ante Yah cuando han pecado?

3. Lee Levítico 4.12. ¿Qué le pasó a las cenizas de los animales?

4. Lee Levítico 1-5. Los animales sacrificados debían ser perfectos y sin defectos. ¿De qué otra manera es que el sistema de sacrificio señalaba a Yeshua?

5. Lee Levítico 1-5. ¿Por qué crees que Yah estableció el sistema de sacrificio? ¿Qué pasa cuando rompes las reglas de tu familia en el hogar?

6. Lee Hebreos 9:11-28. ¿Por qué no necesitamos sacrificar animales hoy en día como expiación por el pecado?

TZAV, LECTURA DE LA TORÁ

Lee Levítico 6:1-8:36.
Responde las siguientes preguntas.

1. ¿Por cuánto tiempo debe arder fuego en el altar?

2. ¿Quién ofrece las ofrendas del grano ante Yah?

3. ¿En la ofrenda del grano, qué otro ingrediente se mezcla con la harina y el aceite?

4. ¿Quién puede comer la ofrenda por el pecado?

5. ¿Quién puede comer la ofrenda por la culpa?

6. "La carne que toque cualquier cosa ____ no será comida". (Lev 7:19)

7. ¿Dónde se reunieron los Israelitas para ver a Moisés ungir a Aarón y sus hijos?

8. ¿Qué animales fueron sacrificados por Moisés? (Lev 8:2)

9. ¿Qué colocó Moisés en el pectoral?

10. ¿En qué partes del cuerpo de Aarón le puso Moisés sangre de carnero?

TZAV, LECTURA DE LOS PROFETAS

Lee Jeremías 7:21-8:3 y 9:22(23)-23(24).
Responde las siguientes preguntas.

1. ¿Qué orden les dio Yah a los Israelitas? ....
2. ¿Los Israelitas obedecieron las instrucciones de Yah? ....
3. ¿De qué tierra trajo Yah a los Israelitas? ....
4. ¿A quién envió Yah a hablar con los Israelitas? ....
5. ¿Quiénes han obrado mal ante los ojos de Yah? ....
6. ¿Dónde construyeron los Israelitas los lugares altos? ....
7. ¿Cuál sería otro nombre del Valle del Hijo de Hinón? ....
8. ¿A quién silenciará Yah? ....
9. ¿Los huesos de quiénes sacarán de sus tumbas? ....
10. "No se alabe el ___ en su sabiduría..." ....

TZAV, LECTURA DE LOS APÓSTOLES

Lee Efesios 6:10-18, 2 Corintios 6:14-7:1 y Hebreos 10:1-39.
Responde las siguientes preguntas.

1. ¿Por qué debemos ponernos la armadura completa de Dios? ....

2. ¿Contra quién es nuestra lucha? (Efesios 6:12) ....

3. ¿Qué debemos ponernos en la cintura? ....

4. ¿Cómo podemos apagar todas las flechas encendidas del maligno? ....

5. ¿Qué es la Palabra de Elohim? ....

6. ¿Con quiénes no debemos unirnos? ....

7. "Yo seré su Dios, y ellos serán Mi ____." (2 Cor 6:16) ....

8. "Somos el ____ del Dios viviente". (2 Cor 6:16) ....

9. ¿Qué ofreció Yeshua para siempre? (Hebreos 10:12) ....

10. ¿Qué les pasará a aquellos que se aparten de la Ley de Moisés? ....

TZAV

Lee Levítico 6:1-8:36 y Efesios 6:10-18. Encuentra y haz un círculo en cada una de las palabras de la siguiente lista.

FE	ESCUDO	TABERNÁCULO	PECTORAL
ISRAELITAS	CONGREGACIÓN	ESPADA	SACERDOTES
CASCO	SALVACIÓN	OFRENDAS	MOISÉS
CINTURÓN	YAHWEH	JUSTICIA	ARMADURA

Tzav

Diseña la armadura de Elohim. ¡Usa tu imaginación!

Imagina que eres un Israelita. Escribe una entrada de diario acerca del día en que Moisés ungió a Aarón como sumo sacerdote.

Esta porción de la Torá me enseña…

Haz un dibujo de ti o un amigo usando la armadura de Elohim.

HIJOS DE AARÓN

Abre tu Biblia y Lee Levítico 8.
Responde las preguntas. Colorea la imagen.

1. ¿Qué ropas especiales vestían los hijos de Aarón? (versículo 13)

....
....
....
....

2. ¿Sobre la cabeza de qué animal los hijos de Aarón colocaron sus manos? (versículo 18)

....
....
....
....

3. ¿Qué roció Moisés sobre él mismo y los hijos de Aarón? (versículo 30)

....
....
....
....

✦ TZAV ✦

"Habló aún Yah a Moisés, diciendo: Manda a Aarón y a sus hijos, y diles: Esta es la ley del holocausto: el holocausto estará sobre el fuego encendido sobre el altar toda la noche, hasta la mañana; el fuego del altar arderá en él."

Levítico 6:8-9

Tzav

"Mandato"

צַו

Traza la palabra Hebrea aquí:	Escribe la palabra Hebrea aquí:
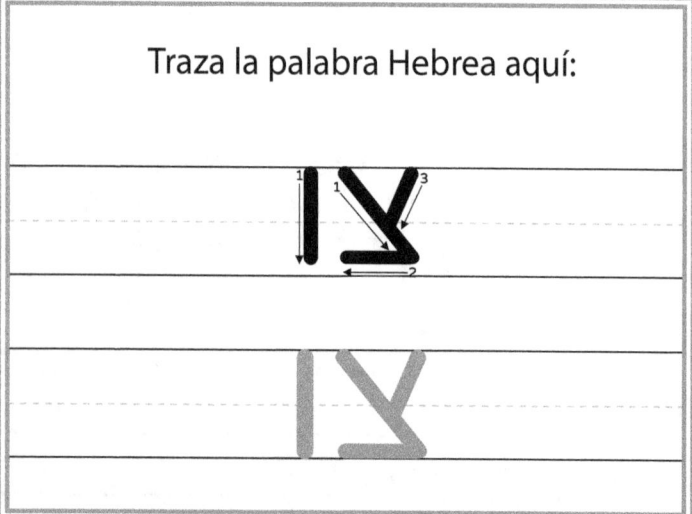	

REFLEXIONEMOS: TZAV

Abre tu Biblia y lee los versículos mencionados a continuación.
Reflexiona estas preguntas con tu familia, amigos y compañeros de clase.

1. Lee Efesios 6. ¿Qué es la armadura de Elohim? ¿Cómo puedes usar esta armadura espiritual todos los días?

2. Lee Levítico 6:1-8:36. Nombra seis tipos de ofrendas hechas en el altar en el Tabernáculo.

3. Lee Levítico 6-8, Romanos 3:23 y 1 Juan 3:4. ¿Todas las personas son culpables de pecar? ¿Cómo define la Biblia el pecado?

4. Lee Levítico 6-8. ¿Qué pensaba Yah sobre el olor del humo de las ofrendas?

5. Lee Levítico 6:17, Mateo 16:5-12 y 26:26. ¿Por qué Yah prohíbe la levadura en el pan? ¿Qué representaba el pan en el altar?

6. De lo que has aprendido en los libros de Shemot (Éxodo) y Vayikra (Levítico) hasta ahora, describe el carácter de Moisés.

SHEMINI, LECTURA DE LA TORÁ

Lee Levítico 9:1-11:47.
Responde las siguientes preguntas.

1. ¿Qué animal mató Aarón para la ofrenda por el pecado? ....

2. ¿Cuáles dos animales fueron sacrificados en ofrendas de paz? ....

3. ¿Quiénes fueron los dos hijos de Aarón? ....

4. ¿Qué ofrecieron los hijos de Aarón ante Yahweh? ....

5. ¿Cómo murieron los hijos de Aarón? ....

6. ¿Quién cargo a los dos hijos muertos de Aarón fuera del campamento? ....

7. ¿Un cerdo es limpio o impuro? ....

8. ¿Una vaca es limpia o impura? ....

9. ¿Qué podemos comer del mar o las aguas? ....

10. ¿Podemos comer insectos alados que caminan en cuatro patas? ....

SHEMINI, LECTURA DE LOS PROFETAS

Lee 2 Samuel 6:1-7:17.
Responde las siguientes preguntas.

1. ¿Cuántos hombres de Israel reunió David? ....

2. ¿Cómo cargaron los Israelitas el Arca de la Alianza? ....

3. ¿Cómo celebraron David y los Israelitas ante Yah? ....

4. ¿Por qué Yah mató a Uza? ....

5. ¿Cuántos meses se quedó el Arca en la casa de Obed Edom? ....

6. ¿Qué tenía puesto David cuando bailó ante Yah? ....

7. ¿Quién era la hija de Saúl? ....

8. ¿Qué les dio David a los Israelitas después de que terminó las ofrendas? ....

9. ¿De quién Yah le dio descanso a David? ....

10. "El construirá una casa para Mi nombre, y Yo fortaleceré el trono de su ____ para siempre". ....

SHEMINI, LECTURA DE LOS APÓSTOLES

Lee Hechos 5:1-11, 1 Timoteo 3:1-13 y 1 Pedro 1:14-16.
Responde las siguientes preguntas.

1. ¿Quién era la esposa de Ananías? (Hechos 5:1)

2. ¿Qué vendieron Ananías y su esposa?

3. ¿Qué hizo Ananías con conocimiento de su esposa?

4. ¿A quiénes les mintió Ananías?

5. ¿Qué pasó después de que Ananías habló con Pedro?

6. ¿A quiénes les mintió la esposa de Ananías?

7. ¿Qué le pasó a la esposa de Ananías después de que ella habló con Pedro?

8. ¿Por qué los líderes no deben ser nuevos creyentes? (1 Tim 3:6)

9. ¿Cómo se deben comportar las esposas de los líderes?

10. "Sean ____ porque Yo soy santo". (1 Pedro 1:16)

SHEMINI

Lee Levítico 9:11-11:47 y 2 Samuel 6:1-7:17.
Encuentra y haz un círculo en cada una
de las palabras de la siguiente lista.

```
O F R E N D A S N E E R U W S N E X D I
T N C F K M X C W S A Q C B P S H N I O
P U I W V A B V O V Z Q R D C A P N
C Z C M W J D S E E R H W N I F N D R D
H H X L E E B X K N F V I Y P G D A Q I
N P A P C R Y Y C Q A U R Y T L K B S O
M H L F M U N B Y Z X B E D E W T X B A
E P M R G S W T I P C G M G A J H S E B
M A E A S A N J G V P N J F O V T R R I
K S U O X L X Q E U N K X X Z W I A H Ú
L A N W C É A V V M G U A K P X D D M T
T S O H C N C J H N Z Y I E O J X E L L
A R C A N Y D P W P U Q N V A P O C L X
E I K K B M S J E L Y V N X N M N N L B
I A L H T E M P L O W N I M P U R O Y A
Z E S U Z A O L U A I T I J X H Q H Z A
C F I J L F P I K R R T U Z T V H D A R
N L P D O M B T F P L U E L I M P I O Ó
S H M A A X I T Y A K I L V U H T V C N
X E M I C A L U O W X A N I M A L E S Q
```

AARÓN	PASAS	ARPA	IMPURO
ABIÚ	FUEGO	JERUSALÉN	LIMPIO
NADAB	UZA	OFRENDAS	DAVID
ANIMALES	TEMPLO	ARCA	MICAL

Shemini

Haz un dibujo de David celebrando ante el Arca de la Alianza.

Dibuja tu animal limpio favorito.

Esta porción de la Torá me enseña…

Escribe una lista de cuatro animales limpios y cuatro impuros.

REY DAVID

Abre tu Biblia y lee 2 Samuel 7.
Responde las preguntas. Colorea la imagen.

1. ¿Qué le pidió Yah a David que le construyera? (versículo 5)

....
....
....
....

2. ¿Cuál era el trabajo de David antes de convertirse en rey? (versículo 8)

....
....
....
....

3. ¿A quiénes destruyó Yah delante de David? (versículo 9)

....
....
....
....

★ SHEMINI ★

"En el día octavo, Moisés llamó a Aarón y a sus hijos, y a los ancianos de Israel; y dijo a Aarón: Toma de la vacada un becerro para expiación, y un carnero para holocausto, sin defecto, y ofrécelos delante de Yah."

Levítico 9:1-2

Shemini

"Ocho"

שְׁמִינִי

Traza la palabra Hebrea aquí:

שְׁמִינִי

שמיני

Escribe la palabra Hebrea aquí:

REFLEXIONEMOS: SHEMINI

Abre tu Biblia y lee los versículos mencionados a continuación.
Reflexiona estas preguntas con tu familia, amigos y compañeros de clase.

1. Lee Levítico 10:1-20. ¿Por qué crees que Yah mató a Nadab y Abiú? ¿Qué dice esto sobre la importancia de seguir las instrucciones de Yah?

2. Lee Levítico 11. ¿Qué tipo de animales ofrecieron los sacerdotes a Yah como sacrificio? ¿Eran limpios o impuros?

3. Lee Levítico 11:1-47. ¿Qué hace que un animal sea limpio? ¿Cuáles son algunos ejemplos de animales limpios e impuros?

4. Lee Levítico 11:1-47. ¿Cómo describe Yah el comer carnes impuras? ¿Cuán importante es para ti seguir las instrucciones de Yah?

5. Lee Levítico 11:44. Yah nos ordenó ser santos (apartados) porque Él es santo. ¿Qué significa ser un pueblo santo (apartado)? ¿Cómo vives de forma santa?

6. Lee 1 Samuel 7:1-17 y 1 Crónicas 28:3. ¿Por qué Salomón construyó el Templo en vez de David?

TAZRIA, LECTURA DE LA TORÁ

Lee Levítico 12:1-13:59.
Responde las siguientes preguntas.

1. ¿Por cuánto tiempo una mujer es impura después de haber dado a luz a un hijo? ....

2. ¿En qué día se circuncida un niño? ....

3. ¿Qué no debería tocar una mujer por 33 días? ....

4. ¿Por cuánto tiempo una mujer es impura después de haber dado a luz a una hija? ....

5. ¿Qué animales y aves se usan para las ofrendas quemadas y por los pecados? ....

6. ¿Quién le realiza la expiación a una mujer después de que ha dado a luz? ....

7. ¿Quién examina a una persona con lepra? ....

8. ¿Qué ropas usa un hombre leproso? ....

9. ¿Por cuánto tiempo un hombre leproso es impuro? ....

10. ¿Dónde vive un hombre leproso mientras es impuro? ....

TAZRIA, LECTURA DE LOS PROFETAS

Lee 2 Reyes 4:42-5:19.
Responde las siguientes preguntas.

1. ¿Cuál era el trabajo de Naamán? ....

2. ¿Qué enfermedad tenía Naamán? ....

3. ¿A qué rey le escribió una carta el rey de Siria? ....

4. ¿Qué se llevó Naamán con él a la tierra de Israel? ....

5. ¿A qué profeta visitó Naamán? ....

6. ¿Qué instrucciones le dio el profeta a Naamán? ....

7. ¿Cuáles son los nombres de dos ríos en Damasco? ....

8. ¿Cuántas veces Naamán se sumergió en el río Jordán? ....

9. ¿Qué hizo el profeta cuando Naamán le ofreció regalos? ....

10. ¿Naamán le dijo al profeta que solo le haría ofrendas o sacrificios a quién? ....

TAZRIA, LECTURA DE LOS APÓSTOLES

Lee Lucas 2:22-24, Marcos 1:40-45 y Santiago 3:1-12.
Responde las siguientes preguntas.

1. ¿En qué ciudad María y José presentaron a Yeshua? ....

2. ¿Qué tipo de aves sacrificaron María y José? ....

3. ¿Qué le dijo Yeshua al leproso cuando lo sanó? ....

4. ¿Qué instrucciones le dio Yeshua al leproso? ....

5. ¿Qué hizo el leproso en vez de la instrucción dada por Yeshua? ....

6. ¿Por qué no muchos pueden convertirse en maestros? ....

7. La lengua es _____ pero se jacta de grandes cosas. (Santiago 3:5) ....

8. Y la lengua es fuego, un mundo de _____. (Santiago 3:6) ....

9. ¿Qué no puede domar ningún hombre? ....

10. ¿Qué viene de la misma boca? ....

TAZRIA

Lee Levítico 12:1-13:59.
Encuentra y haz un círculo en cada una
de las palabras de la siguiente lista.

MOISÉS   TÓRTOLAS   SACERDOTE   PALOMAS
AARÓN   LUGAR   CORDERO   LIMPIO
SANGRE   LEPRA   PARTO   HIJA
CAMPAMENTO CUERPO   ROPAS   HIJO

Tazria

¿Cómo se ve la lepra? Investiga y dibuja a una persona con lepra.

Si la lepra te afectara cada vez que pecaras con tu boca, ¿cómo afectaría eso a lo que dices?

Esta porción de la Torá me enseña...

Haz un dibujo que cuente la historia de María y José en el templo con Yeshua.

LEPRA

Abre tu Biblia y lee Levítico 13.
Responde las preguntas. Colorea la imagen.

1. ¿Quién examina a una persona con lepra? (versículo 9)

....
....
....
....

2. ¿La carne viva es limpia o impura? (versículo 15)

....
....
....
....

3. ¿Dónde vive un hombre leproso? (versículo 46)

....
....
....
....

✦ TAZRIA ✦

"Habló Yah a Moisés, diciendo: Habla a los hijos de Israel y diles: La mujer cuando conciba y dé a luz varón, será inmunda siete días; conforme a los días de su menstruación será inmunda."

Levítico 12:1-2

Tazria

"Ella concibe"

תַּזְרִיעַ

Traza la palabra Hebrea aquí:

Escribe la palabra Hebrea aquí:

REFLEXIONEMOS: TAZRIA

Abre tu Biblia y lee los versículos mencionados a continuación.
Reflexiona estas preguntas con tu familia, amigos y compañeros de clase.

1. Lee Levítico 13. ¿Por qué es importante mantenernos limpios?

2. Lee Lucas 2:22-24. ¿Por qué María y José presentaron a Yeshua en el Templo en Jerusalén?

3. Lee Levítico 13 y Marcos 1:40-45. ¿Por qué Yeshua le dijo al leproso que se le presentara al sacerdote y se ofreciera para la limpieza?

4. Lee Levítico 13. Cuando las personas tenían lepra, ¿por qué crees que tenían que vivir fuera del campamento?

5. Lee 2 Reyes 4:42-5:19 y Mateo 5:43-48. Eliseo bendijo a su enemigo, Naamán. ¿Has bendecido a tus enemigos últimamente? ¿Cuán a menudo haces esto?

6. Lee Proverbios 21:23 y Santiago 3:1-13. ¿Cómo evitas los chismes y el hablar mal de las personas?

METZORA, LECTURA DE LA TORÁ

Lee Levítico 14:1-15:33.
Responde las siguientes preguntas.

1. ¿Que hacía un hombre purificado antes de reingresar al campamento? ....
2. ¿Dónde vivía tal hombre durante siete días? ....
3. ¿Qué le llevaba ese hombre al sacerdote en el 8vo día? ....
4. ¿Qué hacía el sacerdote con el cordero de la ofrenda por culpa? ....
5. ¿Cuándo regresaba un sacerdote a inspeccionar un hogar infectado con una enfermedad? ....
6. ¿Qué le pasó al lugar donde las piedras fueron removidas? ....
7. ¿Qué llevaba un sacerdote para purificar una casa después de que la declaraba limpia? ....
8. ¿Qué sumergía el sacerdote en aceite? ....
9. ¿En cuál pie de la persona enferma el sacerdote ponía la sangre? ....
10. ¿Qué le pasaba a una persona que comía en una casa cerrada debido a una enfermedad? ....

METZORA, LECTURA DE LOS PROFETAS

Lee 2 Reyes 7:3-20.
Responde las siguientes preguntas.

1. ¿Cuántos leprosos se sentaron en la entrada de la puerta? ....

2. ¿El campamento de quién visitaron? ....

3. ¿Quién estaba en el campamento cuando los leprosos llegaron? ....

4. ¿Por qué habían huido los Sirios? ....

5. ¿Qué hicieron los leprosos cuando entraron en el campamento? ....

6. ¿A quién le contaron los guardianes de la puerta sobre el campamento Sirio? ....

7. ¿Cuán lejos viajaron los jinetes del rey? ....

8. ¿Qué vieron los mensajeros a lo largo del camino? ....

9. ¿Cuántos siclos costaba una medida de harina fina? ....

10. ¿Qué le pasó al capitán a cargo de la puerta? ....

METZORA, LECTURA DE LOS APÓSTOLES

Lee 1 Pedro 1:15-16, Romanos 6:19-23 y Mateo 9:20-26.
Responde las siguientes preguntas.

1. "Serás ___ porque yo soy santo". (1 Pedro 1:16) ....

2. ¿Cómo debemos presentar a nuestros miembros? (Romanos 6:19) ....

3. ¿De qué hemos sido liberados? ....

4. ¿Cuál es la paga del pecado? (Romanos 6:23) ....

5. ¿Cuál es el regalo de Yah? ....

6. ¿Por cuánto tiempo la mujer había sufrido de flujo de sangre? ....

7. ¿Qué parte de las prendas de Yeshua tocó la mujer? ....

8. ¿Qué le dijo Yeshua a la mujer? ....

9. ¿Qué dijo Yeshua cuando vio que la multitud estaba alborotada? ....

10. ¿Qué hizo Yeshua después de entrar en la casa? ....

METZORA

Lee Levítico 14:1-15:33 y 2 Reyes 7:3-20.
Encuentra y haz un círculo en cada una
de las palabras de la siguiente lista.

```
M Y N I V Q S T X B X A P D U N Y L W C
K Q M S S O U A N D D Y G T J Z R I W J
A C R B W R F P C W K G V W O T U M F K
O F Z H Z Y A R C E R T X A X V E P Z B
Z F C W Y U E E W R D L W N F H I F O
C O R D E R O D L N S D X A Q R K O Q U
B P I M K Z I Q Q I D P O S V M X R J T
R E Y G W H L N O N T A E T A A I R O D
V J P X L W F R H O V A A L E A R L J P
E G J A L J O R D Á N V S E B T I W K F
U K R C B D H J T G O T X P Y Y R P B V
H C J E G T A X S S M B A R L S L O M T
K K T I K N A C S K Y K R O V X M R Q C
F U M T Y H Q Z L I X D I S G I X T V A
N I X E N N L N N K R X A O O Z P Ó K S
D S A Y Z J V X X F L I B S U W U N J A
M N W G N F S X U P J D O S V S V E S V
W S C F G J M I I E O B T S F K C N D O
H C A M P A M E N T O Y S L Z B Y L Q O
J C A B A L L O S K W S I C L O N H T C
```

OFRENDA	LAVAR	SACERDOTE	ISRAELITAS
JORDÁN	CAMPAMENTO	CABALLOS	LIMPIO
ACEITE	SICLO	LEPROSOS	SIRIOS
CASA	REY	CORDERO	PORTÓN

Metzora

Dibuja los elementos necesarios para una ofrenda en Levítico 14:10.

Esta porción de la Torá me enseña...

Imagina que eres un Israelita. Si vieras a Yeshua revivir a alguien, ¿cómo cambiaría tu vida?

Si la historia de los leprosos en el campamento Sirio fuera una película, el cartel de la película se vería así...

LOS JINETES DEL REY

Abre tu Biblia y lee 2 Reyes 7.
Responde las preguntas. Colorea la imagen.

1. ¿Cuántos jinetes salieron en busca del ejército Sirio? (versículo 14)

....
....
....
....

2. ¿Cuán lejos viajaron los jinetes? (versículo 15)

....
....
....
....

3. ¿Qué vieron los jinetes a lo largo del camino? (versículo 15)

....
....
....
....

⭐ METZORA ⭐

"Esta será la ley para el leproso cuando se limpie: Será traído al sacerdote, y éste saldrá fuera del campamento y lo examinará."

Levítico 14:1-3

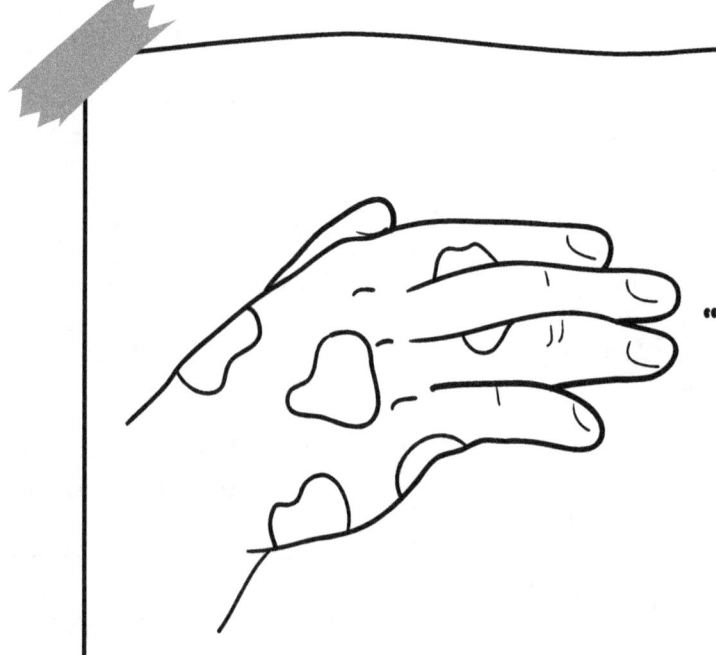

Metzora

"Aquel con enfermedad"

Traza la palabra Hebrea aquí:

Escribe la palabra Hebrea aquí:

REFLEXIONEMOS: METZORA

Abre tu Biblia y lee los versículos mencionados a continuación.
Reflexiona estas preguntas con tu familia, amigos y compañeros de clase.

1. Lee Levítico 14:4-32. ¿Cuál era el ritual para purificar un Metzora (una persona con una enfermedad de la piel)?

2. Lee Levítico 14:4-32. ¿Cuántas veces este pasaje apunta hacia Yeshua?

3. Lee Levítico 15:31. ¿Por qué crees que Yah quería que los Israelitas se separaran de sus impurezas?

4. Lee 2 Reyes 7:3. ¿Por qué crees que fueron cuatro leprosos? ¿Tiene el número cuatro algún significado?

5. Lee 2 Reyes 7:16-20. ¿Por qué el capitán del rey fue atropellado hasta morir?

6. Lee Mateo 9:20-26. Yeshua sanó a una mujer y revivió a una niña. ¿Cómo cambiaría tu vida si Yeshua te hubiese sanado de repente?

AJAREI MOT, LECTURA DE LA TORÁ

Lee Levítico 16:1-18:30.
Responde las siguientes preguntas.

1. ¿Qué ropas usó Aarón cuando entró en el Lugar Santo? ....

2. ¿Qué animales usó Aarón para las ofrendas? ....

3. ¿Qué cabra fue enviada al desierto? ....

4. ¿Qué colocó Aarón en el fuego ante Yah? ....

5. ¿Qué roció Aarón frente al trono de la misericordia? ....

6. ¿Quién más podía entrar al Tabernáculo mientras Aarón hacía expiación para los Israelitas? ....

7. ¿Qué se les ordenó hacer a los Israelitas en el décimo día del séptimo mes? ....

8. "Porque la vida de la ____ en la sangre está". ....

9. "No ofrecerás ninguno de tus ____ a Moloc". ....

10. ¿Los estatutos de quién advirtió Yah no seguir? ....

AJAREI MOT, LECTURA DE LOS PROFETAS

Lee Ezequiel 22:1-19.
Responde las siguientes preguntas.

1. ¿Cómo se corrompió la gente en la ciudad?

2. ¿Quiénes han derramado sangre?

3. ¿Quiénes han sido tratados con desprecio?

4. ¿Quiénes sufren de extorsión?

5. "Has despreciado mis cosas _____..."

6. ¿Qué profanaron los Israelitas?

7. ¿Por qué los Israelitas aceptan sobornos?

8. ¿Cómo castigará Yah a los Israelitas por su comportamiento?

9. "Hijo de hombre, la casa de _____ se ha convertido en escoria para mí".

10. ¿Con cuáles metales Yah comparó a los Israelitas?

AJAREI MOT, LECTURA DE LOS APÓSTOLES

Lee Hebreos 7:11-10:22, Mateo 27:3-5 y Efesios 1:5-7.
Responde las siguientes preguntas.

1. ¿Quién arrojó las piezas de plata en el templo? (Mat 27:3) ....

2. ¿En quién tenemos redención? (Efesios 1:7) ....

3. ¿De qué tribu de Israel era Yeshua? (Heb 7:14) ....

4. ¿Cómo se les impedía a los sacerdotes continuar ejerciendo sus funciones? (Heb 7:23) ....

5. ¿Quién es nuestro Sumo Sacerdote permanente? (Heb 7:24) ....

6. ¿Por qué Yeshua no necesita ofrecer sacrificios diarios? (Heb 7:27) ....

7. ¿Qué le dijo Yah a Moisés cuando estaba a punto de erigir el Tabernáculo? ....

8. ¿Con cuáles Casas Yah estableció una alianza? (Heb 8:8) ....

9. ¿Cuáles utensilios había en el Lugar Santísimo? ....

10. ¿Cuán seguido el sacerdote entraba al Lugar Santísimo? ....

AJAREI MOT

Lee Levítico 16:1-18:30.
Encuentra y haz un círculo en cada una
de las palabras de la siguiente lista.

```
F O R A S T E R O S L O K Q Q G C S C Q
B Y Q X P O X O W R H F M J Y X Z G A C
Z E C W C S O I N I N U J O V U R U B A
U K E Q M H E Z F M T R W G L P V S R R
I T F Q T E V T U S A O T C R O V Z A N
I J O J E Z G A B Z B W F I P V C G D E
N V D O G Q L Z O K E N T P R L M X Q S
C J R Q I O V A I S R A E L I T A F U U
I J I A P X M Z A F N X C K L H G O X M
E Q W E C T Y E E R Á S R B Y L P U B O
N G N T I W R L Q U C O D I B K E K B S
S F T E O C S D M Y U N C K S P S E A A
O W U X S Z O V E Q L N Q N H H U K A C
H R K B L P Q Y A F O L N L R W U R R E
E L B J Z D L C Q Q Y F G K C T D L Ó R
I X P J K R A Y O M K I P P U R G G N D
O J T E C E D E D E S N U D E Z G G H O
M Z E X P I A C I Ó N V S X T X G T M T
B H S H S A N G R E Q T I M O I S É S E
S W J D L V G W B S U D D M L W C I K V
```

AARÓN	EXPIACIÓN	CABRA	AZAZEL
DESNUDEZ	MOLOC	ISRAELITA	EGIPCIOS
SANGRE	INCIENSO	TABERNÁCULO	MOISÉS
SUMO SACERDOTE	CARNE	YOM KIPPUR	FORASTERO

Ajarei Mot

Dibuja a Aarón usando las prendas de sumo sacerdote.

Honro el Día de Expiación al…

Esta porción de la Torá me enseña…

Diseña un cartel del Día de Expiación (Yom Kippur) para tu congregación.

DÍA DE EXPIACIÓN

Abre tu Biblia y lee Levítico 16.
Responde las preguntas. Colorea la imagen.

1. ¿Cuándo es el Día de Expiación? (versículo 29)

....
....
....
....

2. ¿Cuáles son las instrucciones de Yah para honrar el Día de Expiación? (versículo 29)

....
....
....
....

3. ¿Quién hacía expiación para los Israelitas? (versículo 32)

....
....
....
....

AJAREI MOT

"Y Yah dijo a Moisés: Di a Aarón tu hermano, que no en todo tiempo entre en el santuario detrás del velo, delante del propiciatorio que está sobre el arca, para que no muera; porque yo apareceré en la nube sobre el propiciatorio."

Levítico 16:1-2

Traza la palabra Hebrea aquí:

Escribe la palabra Hebrea aquí:

REFLEXIONEMOS: AJAREI MOT

Abre tu Biblia y lee los versículos mencionados a continuación.
Reflexiona estas preguntas con tu familia, amigos y compañeros de clase.

1. Lee Levítico 16:1-34. ¿Cómo los Israelitas honraban el Día de Expiación? ¿Cómo honran este Tiempo Designado tu familia y tú?

2. Lee Levítico 16:1-34. ¿Qué tenía de especial el Lugar Santo (Santísimo)?

3. Lee Levítico 16:4. ¿Cómo estaba vestido el Sumo Sacerdote?

4. Lee Ezequiel 22:1-19. ¿Por qué Yah castigó a los Israelitas? ¿Qué es adulterio espiritual? ¿Hay algún adulterio espiritual en tu vida?

5. Lee Hebreos 8:1-13. Yah establecerá una alianza con la Casa de Israel y la Casa de Judá. ¿De cuál casa formas parte?

6. Lee Mateo 27:1-5. ¿Por qué crees que Judas regresó el dinero y se ahorcó?

KEDOSHIM, LECTURA DE LA TORÁ

Lee Levítico 19:1-20:27.
Responde las siguientes preguntas.

1. ¿A quién debemos honrar? ....

2. ¿Qué no debemos fabricar de metal fundido? ....

3. ¿Qué fruta caída deberías dejar para los pobres y los forasteros? ....

4. No _____. (Levítico 19:11) ....

5. ¿Cómo debemos juzgar a nuestro prójimo? ....

6. ¿En qué año se puede comer fruta de un árbol? ....

7. ¿Qué no debemos hacerles a nuestros cuerpos en Levítico 19:28? ....

8. ¿A quién debemos honrar en Levítico 19:32? ....

9. ¿Qué le pasará al hombre que le ofrezca su hijo a Moloc? ....

10. ¿Quién deben ser llevados a la muerte en Levítico 20:27 ....

KEDOSHIM, LECTURA DE LOS PROFETAS

Lee Amós 9:7-15 y Ezequiel 20:2-20.
Responde las siguientes preguntas.

1. ¿De qué tierra Yah rescató a los Israelitas?

2. ¿De qué tierra Yah trajo a los Filisteos?

3. ¿Cuál Casa Yah no destruirá totalmente?

4. ¿Dónde esparcirá Yahweh la Casa de Israel?

5. "Levantaré el Tabernáculo de ____ que ha caído".

6. ¿Para cuál pueblo Yah restaurará sus fortunas?

7. ¿Qué no abandonaron los Israelitas? (Ezequiel 20:8)

8. ¿Qué es una señal entre Yah y Su pueblo?

9. ¿Dónde se rebeló la Casa de Israel contra Yah?

10. ¿Qué les dijo Yah a los Israelitas en el desierto?

KEDOSHIM, LECTURA DE LOS APÓSTOLES

Lee Efesios 6:1-3, 4:24-32 y Mateo 5:43-48.
Responde las siguientes preguntas.

1. ¿A quién deben obedecer los niños? ....

2. ¿Cuál mandamiento viene con una promesa? ....

3. "Que cada uno de ustedes hable la _____ con su prójimo". ....

4. "Si se _____, no pequen". ....

5. "No dejen que el ___ se ponga estando enojados". (Efe 4:26) ....

6. "Que el ladrón no _____ más sino que trabaje". (Efe 4:28) ....

7. ¿A quién no debemos entristecer? (Efe 4:30) ....

8. ¿Cómo debemos comportarnos los unos con los otros? (Efe 4:32) ....

9. ¿Por quién debemos orar en Mat 5:44? ....

10. ¿Sobre quién Yah envía la lluvia? ....

KEDOSHIM

Lee Levítico 19:1-20:27.
Encuentra y haz un círculo en cada una de las palabras de la siguiente lista.

SANTO	NIÑOS	COSECHA	ISRAEL
MÉDIUM	VIÑEDO	FRUTA	MADRE
DESNUDEZ	MOLOC	PADRE	MOISÉS
PRECEPTOS	SHABATS	UVAS	PRÓJIMO

Kedoshim

Dibuja los Diez Mandamientos.

¡Dibuja un retrato familiar! Incluye a tu madre, tu padre y tus hermanos y hermanas.

Esta porción de la Torá me enseña…

Amo a mi prójimo al…

HONRA A TU PADRE Y A TU MADRE

Abre tu Biblia y lee Efesios 6.
Responde las preguntas. Colorea la imagen.

1. ¿A quién debes honrar? (versículo 2)

....
....
....
....

2. ¿Cuál es la promesa si obedeces este mandamiento? (versículo 3)

....
....
....
....

3. ¿Quiénes no deben hacer enojar a sus hijos? (versículo 4)

....
....
....
....

KEDOSHIM

"Habló Yah a Moisés, diciendo: Habla a toda la congregación de los hijos de Israel, y diles: Santos serán, porque Santo soy Yo Yah su Dios. Cada uno respetará a su madre y a su padre."

Levítico 19:1-3

Traza la palabra Hebrea aquí:	Escribe la palabra Hebrea aquí:
קדושים	
קדושים	

REFLEXIONEMOS: KEDOSHIM

Abre tu Biblia y lee los versículos mencionados a continuación.
Reflexiona estas preguntas con tu familia, amigos y compañeros de clase.

1. Lee Levítico 19:1. Cuando Yah nos pide ser santos, Él quiere decir vivir una vida apartada. ¿Qué es santidad? ¿Cómo se aparta tu vida del mundo?

2. Lee Levítico 19:3. ¿Cómo honras a tus padres?

3. Lee Levítico 19:9-17. ¿Cómo puedes amar a tu prójimo? Da ejemplos recientes de cómo lo hiciste.

4. Lee Ezequiel 20:2-20. Los Shabats son una señal entre Yahweh y Su pueblo. ¿Cómo honras Sus Shabats?

5. Lee Mateo 5:43-48. Yah nos pide amar a nuestros enemigos y orar por ellos. Comenta de alguna vez que hiciste esto. ¿Viste algún cambio en la situación o comportamiento de tus enemigos?

6. Lee Efesios 4:26-27. ¿Por qué es sabio no dejar que el sol se ponga cuando estas enojado?

EMOR, LECTURA DE LA TORÁ

Lee Levítico 21:1-24:23.
Responde las siguientes preguntas.

1. ¿Con quién no se debe casar un sacerdote? ....

2. ¿Por cuántos días se debe quedar una cabra joven, oveja joven o buey joven con su madre? ....

3. ¿Qué les dijo Yah a los Israelitas que hicieran en el Shabat? ....

4. ¿Por cuántos días los Israelitas deben comer pan sin levadura? ....

5. ¿Qué animal se ofrece cuando se mece la gavilla? ....

6. ¿Qué Fiesta se lleva a cabo siete semanas después de las Primicias? ....

7. ¿En qué día es el Día de las Trompetas? ....

8. ¿Cuáles son las instrucciones de Yah para honrar el Día de Expiación? ....

9. ¿Qué habitan los Israelitas durante la Fiesta del Sukkot? ....

10. ¿Qué tipo de aceite enciende las lámparas? ....

EMOR, LECTURA DE LOS PROFETAS

Lee Ezequiel 44:15-31.
Responde las siguientes preguntas.

1. ¿Quiénes estaban a cargo del santuario? ....

2. ¿Qué ropas debían usar los sacerdotes en el santuario? ....

3. ¿Qué usaban los sacerdotes sobre sus cabezas? ....

4. ¿Los sacerdotes deben afeitar sus cabezas o dejar crecer su cabello largo? ....

5. ¿Qué no bebía un sacerdote en el atrio interior? ....

6. ¿Con quién podía casarse un sacerdote? ....

7. ¿Qué hacía un sacerdote en una disputa? ....

8. ¿Qué ofrendas comía un sacerdote? ....

9. ¿Qué ofrendas les pertenecían a los sacerdotes? ....

10. ¿Qué no comía un sacerdote? ....

EMOR, LECTURA DE LOS APÓSTOLES

Lee Mateo 5:38-42, Santiago 2:1-9
y 1 Pedro 1:13-17.
Responde las siguientes preguntas.

1. "Si alguien te hiere en la ____ derecha, ofrécele la otra. (Mat 5:39)

2. "Si alguien te obliga a ir ____ milla, anda con él dos millas".

3. ¿A quién debemos dar? (Mateo 5:42)

4. ¿A quiénes debemos tratar por igual? (Santiago 2:1)

5. ¿Qué tipo de gente oprime y blasfema tu nombre? (Santiago 2:6)

6. ¿Cuál es la ley real?

7. ¿Qué pasa ante los ojos de Yah si mostramos parcialidad?

8. ¿En qué debemos poner nuestra esperanza? (1 Pedro 1:13)

9. "Serás ____ porque yo soy santo". (1 Pedro 1:16)

10. ¿Cómo juzga el Padre? (1 Pedro 1:17)

EMOR

Lee Levítico 21:1-24:23.
Encuentra y haz un círculo en cada una
de las palabras de la siguiente lista.

PASCUA
ATRIO INTERIOR
SUKKOT
PAN

OVEJA
EXPIACIÓN
PRIMICIAS
SHABAT

PAN SIN LEVADURA
LINO
DEFECTO
SACERDOTES

SANTUARIO
SADOK
TROMPETAS
SHAVUOT

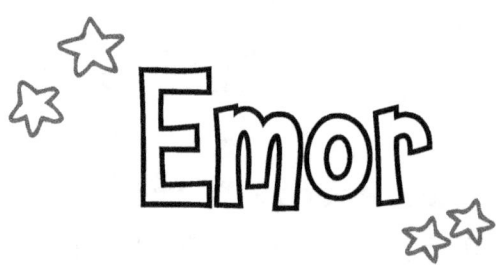

Emor

Haz un dibujo que muestre ofrendas de animales aceptables.

Dibuja a un sacerdote en el Santuario.

Honro el Shabat al…

Esta porción de la Torá me enseña…

LAS FIESTAS

Abre tu Biblia y lee Levítico 23.
Responde las preguntas. Colorea la imagen.

1. ¿Qué Tiempo Designado se lleva a cabo en el séptimo día? (versículo 3)

....
....
....
....

2. ¿Qué instrumento se sopla en Yom Teruah? (versículo 24)

....
....
....
....

3. ¿En qué habitan los Israelitas durante el Sukkot? (versículo 42)

....
....
....
....

EMOR

"Y Yah le ordenó a Moisés que les dijera a los Israelitas: Estas son las fiestas que Yo he establecido, y a las que ustedes han de convocar como fiestas solemnes en mi honor. Yo, Yah, las establecí."

Levítico 23:1-2

Emor

"Habla"

אֱמֹר

Traza la palabra Hebrea aquí:	Escribe la palabra Hebrea aquí:
אֱמֹר אמור	

www.biblepathwayadventures.com

Vayikra / Levítico - Libro de Actividades con Porciones de la Torá

72

© BPA Publishing Ltd 2020

REFLEXIONEMOS: EMOR

Abre tu Biblia y lee los versículos mencionados a continuación.
Reflexiona estas preguntas con tu familia, amigos y compañeros de clase.

1. Lee Levítico 21:1-22:33. Yah establece Sus estándares para el sacerdocio. ¿Qué sacrificios te has preparado para hacer en tu vida para servir al Padre?

2. Lee Levítico 23:3. El Shabat es uno de los Tiempos Designados de Yah. ¿Cómo honras el Shabat cada semana?

3. Lee Levítico 23:4-8. ¿Por qué crees que el Padre les pidió a los Israelitas comer pan sin levadura durante la Fiesta del Pan sin Levadura?

4. Lee Levítico 23:33-43. Yah les pidió a los Israelitas vivir en moradas temporales por siete días durante la Fiesta del Sukkot (Tabernáculos). ¿Cómo celebras el Sukkot? ¿En qué morada temporal vives?

5. Lee Levítico 23 y Hechos 2:1, 20-21. ¿Por cuánto tiempo Yah esperaba que Su pueblo honrara Sus Fiestas (Tiempos Designados)? ¿Cómo Yeshua y Sus discípulos honraban los Festivos?

BEHAR, LECTURA DE LA TORÁ

Lee Levítico 25:1-26:2.
Responde las siguientes preguntas.

1. ¿Dónde le habló Yah a Moisés? ....

2. "En el séptimo año habrá un _____ de descanso para la tierra". ....

3. ¿Qué es el quincuagésimo año para los Israelitas? ....

4. ¿Qué les prometió Yah a los Israelitas si obedecían sus instrucciones? ....

5. ¿Cuándo pueden los Levitas redimir sus casas? ....

6. ¿Cómo debemos tratar a un hermano que empobrezca? ....

7. ¿Quiénes no deben ser vendidos como esclavos? ....

8. ¿Quiénes son siervos ante los ojos de Yah? ....

9. ¿Ante qué no se deben inclinar los Israelitas? ....

10. "Deberás _____ Mis Shabats y honrar Mi santuario". ....

BEHAR, LECTURA DE LOS PROFETAS

Lee Jeremías 32:6-27.
Responde las siguientes preguntas.

1. ¿Quién era el hijo de Salún? ....

2. ¿En qué lugar estaba el campo? ....

3. ¿En qué tierra estaba el campo? ....

4. ¿Por cuánta plata se vendió la tierra? ....

5. ¿A quién se le dio la escritura de compra? ....

6. ¿En qué tierra Yah mostró señales y maravillas? ....

7. ¿A quiénes sacó Yah de la tierra de Egipto? ....

8. ¿Por qué Yah permitió que el desastre cayera sobre los Israelitas? ....

9. ¿A cuáles enemigos se les dio la ciudad? ....

10. "Yo soy Elohim, el Dios de todas las carnes. ¿Hay algo ____ para Mí?" ....

BEHAR, LECTURA DE LOS APÓSTOLES

Lee Lucas 4:16-21, Gálatas 6:7-10
y 1 Corintios 7:21-24.
Responde las siguientes preguntas.

1. ¿En qué ciudad creció Yeshua? (Lucas 4:16) ....

2. ¿A dónde iba Yeshua en el Shabat? ....

3. ¿De qué pergamino leyó Yeshua? ....

4. ¿Yeshua se levantó o se sentó para leer del pergamino? ....

5. "Él me ha enviado a proclamar la _____ de los cautivos". ....

6. "Hoy se ha cumplido esta _____ delante de ustedes". ....

7. "Todo el que _____, también cosechará". (Gálatas 6:7) ....

8. ¿Por qué no debemos cansarnos de hacer el bien? ....

9. ¿Hacia quién debemos hacer el bien? ....

10. "No se hagan _____ de los hombres". (1 Corintios 7:23) ....

BEHAR

Lee Levítico 25:1-26:2.
Encuentra y haz un círculo en cada una
de las palabras de la siguiente lista.

REDIMIR SIETE OBEDIENCIA HERMANO
POBRE EGIPTO CASA LEVITA
PROPIEDAD BENDICIONES SHABAT MOISÉS
JUBILEO SIERVOS SINAÍ PRÓJIMO

Behar

Investiga y dibuja un diagrama de una sinagoga del siglo I.

Crea un mapa de Nazaret. ¡Usa tu imaginación!

Esta porción de la Torá me enseña…

Cuando obedecemos Sus instrucciones, Yah promete…

AMABILIDAD CON EL POBRE

Abre tu Biblia y lee Levítico 25.
Responde las preguntas. Colorea la imagen.

1. ¿Cómo debemos tratar a un hermano que empobrece? (versículo 35)

....
....
....
....

2. ¿Qué dos cosas no debemos hacer por un hermano pobre? (versículo 37)

....
....
....
....

3. ¿Quién puede redimir a un hermano pobre? (versículos 48-49)

....
....
....
....

✡ BEHAR ✡

"Yah habló a Moisés en el monte de Sinaí, diciendo: Habla a los hijos de Israel y diles: Cuando hayan entrado en la tierra que yo les doy, la tierra guardará el Shabat para Yah."

Levítico 25:1-2

Behar

"En el Monte"

בְּהַר

Traza la palabra Hebrea aquí:	Escribe la palabra Hebrea aquí:
בהר בהר	

REFLEXIONEMOS: BEHAR

Abre tu Biblia y lee los versículos mencionados a continuación.
Reflexiona estas preguntas con tu familia, amigos y compañeros de clase.

1. Lee Levítico 25:1-17. ¿Cómo nos ayuda la ley de Yah a no codiciar?

2. Lee Levítico 25:1-22. ¿Por qué es importante descansar?

3. Lee Levítico 25:1-7. ¿Qué les ordenó Yah a los Israelitas hacer por seis años? ¿Qué se les ordenó hacer en el séptimo año?

4. Lee Levítico 25:8-22. ¿Cómo se redistribuía la riqueza en el año del Jubileo?

5. Lee Levítico 25:35-38. ¿Cómo quiere Yah que cuidemos de los pobres? ¿Cómo cuidas de los pobres en tu congregación o comunidad?

6. Lee Gálatas 6:7-10. Yah nos llama a no ser engañados; cosechamos lo que sembramos. ¿Has visto que pase esto en tu vida?

BEJUKOTAI, LECTURA DE LA TORÁ

Lee Levítico 26:3-27:34.
Responde las siguientes preguntas.

1. ¿Por cuánto tiempo duró la cosecha de uvas? ....

2. ¿Qué removerá Yah de la tierra? ....

3. ¿Dónde hará Yah su morada? ....

4. ¿Cuántas veces disciplinará Yah a Su pueblo por sus pecados? ....

5. ¿Con cuáles metales compara Yah a los cielos y a la tierra? ....

6. ¿Dónde esparcirá Yah a Su pueblo? ....

7. ¿Con cuáles tres hombres Yah recordará Su alianza? ....

8. ¿Cuál es el valor de un hombre de 20 – 60 años de edad? ....

9. ¿Cuál es el valor de una mujer mayor de 60 años? ....

10. ¿A quién le pertenecen los animales primogénitos? ....

BEJUKOTAI, LECTURA DE LOS PROFETAS

Lee Jeremías 16:19-17:14.
Responde las siguientes preguntas.

1. "Mi _____ en el día de calamidad". ....

2. ¿Qué han heredado nuestros padres? ....

3. ¿Con qué está escrito el pecado de Judá? ....

4. ¿Quién servirá a sus enemigos en una tierra extranjera? ....

5. ¿Por cuánto tiempo arderá la ira de Yah? ....

6. "_____ es el hombre que confía en otro hombre". ....

7. "_____ es el hombre que confía en Yah". ....

8. ¿Cuáles son las dos bendiciones de confiar en Yah? ....

9. ¿Cómo es el corazón sobre todas las cosas? ....

10. ¿Qué busca y prueba Yah? ....

BEJUKOTAI, LECTURA DE LOS APÓSTOLES

Lee Mateo 7:21-27, Colosenses 3:1-10
y Juan 14:15-21.
Responde las siguientes preguntas.

1. ¿Quién entrará en el reino del cielo? (Mat 7:21) ....

2. "Apártense de Mí, los que practican la ____". (Mat 7:23) ....

3. ¿Sobre qué el sabio construyó su casa? ....

4. ¿Cómo describió Yeshua a un hombre que escucha Sus palabras y no las cumpla? ....

5. ¿En qué debemos poner nuestras mentes? (Col 3:2) ....

6. ¿Qué cinco cosas debemos desechar? ....

7. ¿Qué no debemos hacernos los unos a los otros? (Col 3:9) ....

8. ¿Cómo mostramos que amamos al Padre? (Juan 14:15) ....

9. ¿Quién habitará en nosotros? (Juan 14:17) ....

10. "Aquel que Me ____ será amado por Mi Padre". ....

BEJUKOTAI

Lee Levítico 26:3-27:34.
Encuentra y haz un círculo en cada una
de las palabras de la siguiente lista.

PRIMOGÉNITO	BENDICIÓN	OBEDIENCIA	MANDAMIENTOS
EGIPTO	DISCIPLINA	LLUVIA	ANIMAL
ESTATUAS	COSECHA	FRUTA	CIUDADES
ABRAHAM	MONTE SINAÍ	ESPADA	ALIANZA

Bejukotai

Dibuja a Moisés y los Diez Mandamientos.

Describe las maldiciones por desobedecer las instrucciones de Yah.

Describe las bendiciones por obedecer las instrucciones de Yah.

Esta porción de la Torá me enseña...

LOS MANDAMIENTOS

Abre tu Biblia y lee Levítico 26.
Responde las preguntas. Colorea la imagen.

1. ¿Qué removerá Yah si obedecemos Sus instrucciones? (versículo 6)

....
....
....
....

2. ¿Qué enviará Yah si rompemos Su alianza? (versículo 25)

....
....
....
....

3. ¿De qué tierra Yah sacó a los hijos de Israel? (versículo 45)

....
....
....
....

BEJUKOTAI

"Si caminaras en Mis decretos y guardaras Mis mandamientos, y los pusieras por obra, Yo les daré lluvia en su tiempo, y la tierra rendirá sus productos, y el árbol del campo dará su fruto."

Levítico 26:3-4

Bejukotai

"En Mis Leyes"

בְּחֻקֹּתַי

Traza la palabra Hebrea aquí:

בחוקתי

בחוקתי

Escribe la palabra Hebrea aquí:

REFLEXIONEMOS: BEJUKOTAI

Abre tu Biblia y lee los versículos mencionados a continuación.
Reflexiona estas preguntas con tu familia, amigos y compañeros de clase.

1. Lee Levítico 26:3. ¿Qué debían hacer los Israelitas para recibir los favores y bendiciones de Yah?

2. Lee Levítico 26:3-13. ¿Cuál es nuestra bendición si obedecemos las instrucciones de Yah?

3. Lee Levítico 26:14-46. ¿Cuál es nuestra maldición si desobedecemos las instrucciones de Yah?

4. Lee Levítico 26:33. Yah prometió esparcir las doce tribus de Israel entre las naciones si estas rompían Su alianza. Investiga. ¿Dónde crees que están esas tribus hoy en día?

5. Lee Mateo 7:21-27. ¿Por qué Yeshua dijo que es sabio construir tu vida fundamentada en la Torá?

6. Lee Juan 14:15-21. ¿Cómo le mostramos al Padre que lo amamos?

GUÍA DE RESPUESTAS

Vayikra, Lectura de la Torá
1. A un sacerdote en la entrada del Tabernáculo
2. Sacerdotes
3. Lado norte
4. Tórtolas o palomas
5. Harina fina con aceite e incienso
6. Levadura
7. Becerro
8. Cabra macho
9. Cabra hembra
10. En el altar

Vayikra, Lectura de los Profetas
1. Para Él mismo, para que pudieran proclamar Sus alabanzas
2. Con sus pecados
3. Los entregará a la destrucción
4. Sedienta
5. Primero
6. Una herramienta para cortar
7. Lluvia
8. Un corazón engañado
9. Transgresiones
10. Jacob (el pueblo de Israel)

Vayikra, Lectura de los Apóstoles
1. Sangre de toros y cabras
2. Él mismo
3. A la diestra del Padre
4. Corazones
5. La sangre de Yeshua
6. Yeshua
7. Tomó la sangre de becerros y machos cabríos con agua, lana escarlata e hisopo, y la roció tanto sobre el libro y sobre el pueblo
8. Perdón
9. Juicio
10. Espíritu de Dios

Ofrendas por el pecado
1. Un novillo
2. Cabra macho sin defectos
3. Cabra hembra sin defectos

Tzav, Lectura de la Torá
1. Continuamente
2. Los hijos de Aarón (sacerdotes)
3. Incienso
4. El sacerdote que la ofrece
5. Todo varón de entre los sacerdotes
6. Inmunda
7. En la entrada del Tabernáculo
8. Un novillo y dos carneros
9. El Urim y el Tumim
10. En el lóbulo de la oreja derecha de Aarón, en el pulgar de su mano derecha y en el dedo gordo de su pie derecho

Tzav, Lectura de los Profetas
1. Obedezcan mi voz y Yo seré su Dios y ustedes serán Mi pueblo. Y andarán por todo el camino por el que Yo los envié, para que les vaya bien.
2. No; anduvieron en sus propias deliberaciones y en la terquedad de su malvado corazón, y fueron hacia atrás y no hacia adelante. (Jeremías 7:24)
3. Tierra de Egipto
4. Profetas
5. Hijos de Judea
6. Tofet, en el valle del Hijo de Hinón
7. Valle de la Matanza
8. A las personas en las ciudades de Judea y en las calles de Jerusalén
9. Los huesos de los reyes de Judea, sus oficiales, los sacerdotes, los profetas y los huesos de los habitantes de Jerusalén
10. Sabio

Tzav, Lectura de los Apóstoles
1. Para que podamos enfrentarnos a las asechanzas de Ha'Satan
2. Contra poderes, contra autoridades, contra potestades que dominan este mundo de tinieblas, contra fuerzas espirituales malignas en las regiones celestiales
3. El cinturón de la verdad
4. Con un escudo de la fe
5. El casco de la salvación y la espada del Espíritu
6. Incrédulos
7. Pueblo
8. Templo
9. Un solo sacrificio por los pecados
10. Morirá sin misericordia por la evidencia de dos o tres testigos

Hijos de Aarón
1. Túnicas, cintos y tiaras
2. Carnero
3. Aceite de la unción y la sangre que estaba en el altar

Shemini, Lectura de la Torá
1. Un becerro
2. Buey y carnero
3. Nadab y Abiú
4. Un fuego no autorizado que Él no les había ordenado
5. Fueron consumidos por el fuego
6. Misael y Elzafán
7. Impuro
8. Limpia
9. Todo lo que tenga aletas y escamas
10. No, excepto insectos que tengan piernas con coyunturas sobre sus pies para saltar (langosta, grillo, saltamontes)

Shemini, Lectura de los Profetas
1. Treinta mil
2. En una carreta nueva
3. Con canciones, liras, arpas, panderetas, castañuelas y platillos
4. Porque Uza tocó el Arca de la Alianza
5. Tres meses
6. Un efod de lino
7. Mical
8. Una barra de pan, un pastel de dátiles y un pastel de pasas
9. Sus enemigos
10. Reino

Shemini, Lectura de los Apóstoles
1. Safira
2. Una propiedad
3. Se quedó con parte del dinero en vez de darles todo a los apóstoles
4. Pedro y Yah
5. Cayó y murió
6. Pedro y Yah
7. Cayó y murió
8. En caso de que se vuelva presuntuoso
9. Dignas, no calumniadoras, sobrias y fieles en todo
10. Santos

Rey David
1. Una Casa para morar (Templo)
2. Un pastor
3. A todos sus enemigos

Tazria, Lectura de la Torá
1. Siete días
2. El octavo día
3. Cualquier cosa sagrada o entrar en el santuario
4. Dos semanas
5. Un cordero y una paloma o tórtola
6. El sacerdote
7. El sacerdote
8. Ropas rasgadas
9. Durante todo el tiempo que tenga la enfermedad
10. Fuera del campamento

Tazria, Lectura de los Profetas
1. Comandante del ejército del rey de Siria
2. Lepra
3. Rey de Israel
4. Diez talentos de plata, 6000 siclos de oro y diez cambios de ropa
5. Eliseo
6. "Ve y lávate siete veces en el Jordán, y tu carne sanará y tú estarás limpio"
7. Abana y Farfar
8. Siete veces
9. Los rechazó
10. Yah, el Dios de Abraham, Isaac y Jacobo

Tazria, Lectura de los Apóstoles
1. Jerusalén
2. Un par de tórtolas y dos palomas jóvenes
3. Sé limpio
4. "No le digas nada a nadie, pero ve, muéstrate al sacerdote y da una ofrenda por tu purificación según lo ordenó Moisés, para que les sirva de testimonio"
5. Comenzó a hablar libremente acerca de su sanación y las noticias se esparcieron, por lo que Yeshua ya no podía entrar libremente a una ciudad
6. Los maestros serán juzgado de forma más estricta
7. Pequeña
8. Iniquidad
9. La lengua
10. Bendiciones y maldiciones

Lepra
1. Un sacerdote
2. Impura
3. Fuera del campamento

Metzora, Lectura de la Torá
1. Lavar sus ropas, afeitar todo su cabello y bañarse en agua
2. En el campamento, pero afuera de su carpa
3. Dos corderos machos sin defectos, una cordera sin defectos y una ofrenda del grano
4. Lo mecía junto con un log de aceite
5. En el séptimo día
6. Se colocaron unas nuevas en su lugar
7. Dos aves, madera de cedro, lino carmesí e hisopo
8. Su dedo índice derecho
9. En el pie derecho
10. Tenía que lavar sus ropas

Metzora, Lectura de los Profetas
1. Cuatro leprosos
2. El campamento de los sirios
3. Nadie
4. Yah hizo que los sirios escucharan el sonido de las carrozas y caballos de su enemigo
5. Comieron y bebieron y robaron el oro, la plata y la ropa de los sirios
6. Al palacio del rey
7. Tan lejos como el Jordán
8. Las prendas y equipos de los sirios
9. Un siclo/ una moneda de plata
10. Fue atropellado a pisotones por el pueblo, y murió

Metzora, Lectura de los Apóstoles
1. Santo
2. Para servir a la justicia que lleva a la santidad
3. Pecado
4. Muerte
5. Vida eterna en Yeshua HaMashiach
6. Doce años
7. El borde (tzitzits)
8. "Ten ánimo, hija; tu fe te ha salvado"
9. "Apártense, que la niña no está muerta, sino duerme"
10. Tomó a la niña de la mano y ella se levantó

Los jinetes del rey
1. Dos jinetes
2. Tan lejos como el río Jordán
3. El camino estaba cubierto de las prendas y equipos del ejército Sirio

Ajarei Mot, Lectura de la Torá
1. Las prendas del sumo sacerdote (túnica sagrada de lino, ropa interior de lino, cinto de lino y mitra de lino)
2. Dos cabras macho para una ofrenda por el pecado, y un carnero para una ofrenda quemada
3. La cabra sobre cuál cayó la suerte para Azazel
4. Incienso
5. Sangre de becerro
6. Nadie
7. Afligirse a sí mismos y no trabajar – es un Shabat (Día de Expiación)
8. Carne
9. Hijos
10. Egipcios y cananeos

Ajarei Mot, Lectura de los Profetas
1. Adorando ídolos
2. Príncipes de Israel
3. Padres y madres
4. Forasteros que viven entre los israelitas
5. Santas
6. Shabats
7. Para derramar sangre
8. Esparcirlos entre las naciones y dispersarlos en países diferentes
9. Israel
10. Broce, estaño, hierro y plomo

Ajarei Mot, Lectura de los Apóstoles
1. Judas
2. Yeshua HaMashiach
3. Judá
4. Muerte
5. Yeshua
6. Porque Él hizo esto una vez por todos cuando se ofreció Él mismo.
7. "Mira que hagas todo según el modelo que te fue mostrado en el monte"
8. Casa de Judá y Casa de Israel
9. Altar dorado de incienso y el arca de la alianza (que contenía una urna dorada con el maná, la vara de Aarón que floreció y las tablas de la alianza)
10. Una vez al año en el día de expiación

Día de Expiación
1. Décimo día del séptimo mes
2. Afligirnos y no trabajar – este día es un Shabat
3. El Sumo Sacerdote

Kedoshim, Lectura de la Torá
1. Nuestra madre y nuestro padre
2. Dioses falsos
3. Uvas caídas
4. Robarás
5. Con justicia
6. En el quinto año
7. Hacer heridas en nuestro cuerpo por los muertos o tatuarnos
8. A los ancianos
9. Yah pondrá Su rostro contra ese hombre y lo cortará de entre su pueblo
10. Médiums y nigromantes

Kedoshim, Lectura de los Profetas
1. Tierra de Egipto
2. Caftor
3. Casa de Jacob
4. Entre las naciones
5. David
6. Su pueblo Israel
7. Los ídolos de Egipto
8. Sus Shabats
9. En el desierto
10. No sigan los preceptos de sus padres; no obedezcan sus leyes ni se contaminen con sus ídolos. Sigan Mis decretos y tengan cuidado de obedecer Mis leyes

Kedoshim, Lectura de los Apóstoles
1. Sus padres
2. Honrarás a tu padre y a tu madre para que te vaya bien y seas de larga vida sobre la tierra
3. Verdad
4. Enojan
5. Sol
6. Robe
7. Espíritu Santo
8. Ser bondadosos, comprensivos y perdonarse las faltas los unos a los otros
9. Nuestros enemigos
10. Sobre justos e injustos

Honra a tu padre y a tu madre
1. Tu padre y tu madre
2. Te irá bien y serás de larga vida sobre la tierra
3. Padres

Emor, Lectura de la Torá
1. Una prostituta, una mujer profanada o una mujer divorciada
2. Siete días
3. Descansar y no trabajar
4. Siete días
5. Un cordero macho de un año sin defectos
6. Shavuot (Pentecostés)
7. Primer día del séptimo mes
8. No trabajar, afligirse y presentar una ofrenda de alimentos a Yah
9. Sukkahs (refugios temporales)
10. Aceite puro de olivas machacadas

Emor, Lectura de los Profetas
1. Sacerdotes levitas (hijos de Zadok)
2. Prendas de lino
3. Turbantes de lino
4. No
5. Vino
6. Una virgen de la Casa de Israel
7. Actuar como juez
8. Ofrendas del grano, por el pecado y de culpa
9. Los primeros frutos de todo tipo y todas las ofrendas de todo tipo de todas tus ofrendas, y la primicia de tu masa
10. Un ave o bestia que haya muerto por sí misma o haya sido desgarrada por animales salvajes

Emor, Lectura de los Apóstoles
1. Mejilla
2. Una
3. Al que te pida
4. A los ricos y a los pobres
5. Gente rica
6. Ama a tu prójimo como a ti mismo
7. Estamos cometiendo pecado y seremos condenados por la Torá como trasgresores
8. En la gracia que traerá la revelación de Yeshua HaMashiach
9. Santo
10. Imparcialmente

Las Fiestas
1. El Shabat
2. Un shofar
3. Chozas / Sukkahs / moradas temporales

Behar, Lectura de la Torá
1. En el Monte Sinaí
2. Shabat
3. Un Jubileo
4. Morarán en la tierra de forma segura
5. En cualquier momento
6. Apoyarlo como si fuera un extranjero y un forastero, no tomar usura o ganancia de él, y no darle dinero a usura o darle comida por ganancia
7. Los Israelitas
8. El pueblo de Israel
9. Ídolos, imágenes, pilares y figuras de piedra
10. Respetar

Behar, Lectura de los Profetas
1. Janamel
2. Anatot
3. Benjamín
4. Diecisiete siclos de plata
5. Baruc, hijo de Nerías hijo de Maseías
6. En la tierra de Egipto
7. Su pueblo Israel
8. Porque desobedecieron Sus instrucciones
9. Caldeos
10. Imposible

Behar, Lectura de los Apóstoles
1. Nazaret
2. A la sinagoga
3. Pergamino del profeta Isaías
4. Se levantó
5. Libertad
6. Escritura
7. Siembre
8. Cosecharemos a su debido tiempo
9. Todos, especialmente nuestros hermanos y hermanas en la Casa de Israel
10. Esclavos

Amabilidad con el pobre
1. Apoyarlo
2. No darle dinero a usura o darle comida por ganancia
3. Uno de sus hermanos, un tío, primo o un familiar cercano de su tribu. Si se hace rico puede redimirse por él mismo

Bejukotai, Lectura de la Torá
1. Hasta el tiempo de la siembra
2. Bestias dañinas
3. Entre Su pueblo (Israel)
4. Siete veces
5. Hierro y bronce
6. Entre las naciones
7. Abraham, Isaac y Jacobo
8. Cincuenta siclos de plata
9. Diez siclos de plata
10. El Padre

Bejukotai, Lectura de los Profetas
1. Refugio
2. Solo mentiras
3. Cincel de hierro
4. Tribu de Judá (Israelitas)
5. Para siempre
6. Maldito
7. Bendito
8. No sentir miedo o ansiedad
9. Engañoso
10. El corazón y la mente

Bejukotai, Lectura de los Apóstoles
1. Las personas que hagan la Voluntad del Padre
2. Iniquidad (falta de Torá)
3. Roca
4. Un hombre tonto que construye su casa sobre la arena
5. En las cosas de arriba
6. Enojo, ira, malicia, calumnia y palabras obscenas
7. Mentir
8. Obedeciendo sus mandamientos
9. Espíritu de la verdad (Espíritu Santo)
10. Ame

Los Mandamientos
1. Bestias dañinas
2. Pestilencia
3. Tierra de Egipto

◆◇ DESCUBRE MÁS LIBROS DE ACTIVIDADES ◇◆

Disponibles para comprar en shop.biblepathwayadventures.com

¡DESCARGA INSTANTÁNEA!

Libro de Actividades de la Porción Semanal de la Torá
Libro de Actividades Limpios e Inmundos
Libro de Actividades Festivos de Primavera
Bereshit | Génesis - Libro de Actividades con Porciones de la Torá
Shemot | Éxodo - Libro de Actividades con Porciones de la Torá
Vayikra | Levítico - Libro de Actividades con Porciones de la Torá
B'midbar | Números - Libro de Actividades con Porciones de la Torá
D'varim | Deuteronomio - Libro de Actividades con Porciones de la Torá

www.ingramcontent.com/pod-product-compliance
Lightning Source LLC
Chambersburg PA
CBHW081157070526
44583CB00021B/2883